Introdução

Desvendando o Poder do Storytelling para Pequenas Empresas

Em um mundo saturado de informações e concorrência acirrada, as pequenas empresas enfrentam o desafio constante de se destacar e construir uma conexão autêntica com seu público. Nesse cenário, o storytelling emerge como uma ferramenta poderosa, capaz de transcender a comunicação tradicional e envolver os clientes de maneira única.

O ato de contar histórias vai além de simples narrativas; é uma forma de arte que permeia a essência da experiência humana. Ao incorporar técnicas de storytelling, as pequenas empresas têm a oportunidade não apenas de promover produtos ou serviços, mas de compartilhar sua identidade, valores e visão de mundo de maneira cativante.

Nesta jornada exploratória, mergulharemos fundo no universo do storytelling para pequenas empresas. Através de conceitos fundamentais, estratégias práticas e exemplos inspiradores, desvendaremos como o storytelling pode ser a chave para conquistar corações, construir lealdade e diferenciar-se em um mercado dinâmico.

Prepare-se para descobrir como transformar narrativas simples em ferramentas poderosas de conexão, engajamento e construção de marca. Ao final desta jornada, esperamos inspirar as pequenas empresas a abraçar o poder do storytelling e a contar suas próprias histórias de maneira autêntica e impactante. Afinal, cada empresa tem uma história única a ser contada, e é chegada a hora de compartilhá-la com o mundo.

Sumário

Capítulo 1: Introdução ao Storytelling 2

Capítulo 2: Elementos Essenciais do Storytelling 4

Capítulo 3: Identidade da Marca e Storytelling 15

Capítulo 4: Conhecendo o Seu Público-Alvo 23

Capítulo 5: Ferramentas de Storytelling para Pequenas Empresas 33

Capítulo 6: Contando Sua Própria História 48

Capítulo 7: Exercícios Práticos: Desenvolvendo Histórias para Diferentes Situações 59

Capítulo 8: Estudos de Caso - Transformando Marcas Através do Storytelling 78

Capítulo 9: Mensurando o Sucesso - Métricas para Avaliar a Eficácia do Storytelling 88

Capítulo 10: Recursos Adicionais - Explorando o Mundo do Storytelling 98

Capítulo Extra: A Jornada do Herói 105

Capítulo 1: Introdução ao Storytelling

Definição de Storytelling

O storytelling, ou a arte de contar histórias, transcende culturas e é uma forma poderosa de comunicação que remonta aos primórdios da humanidade. Em um contexto empresarial, o storytelling refere-se à habilidade de uma empresa em criar e compartilhar narrativas envolventes que conectam emocionalmente com seu público-alvo. Vai além de simplesmente transmitir informações; é sobre criar uma experiência que ressoe e deixe uma impressão duradoura.

Importância do Storytelling para Pequenas Empresas

Para pequenas empresas, o storytelling não é apenas uma estratégia de marketing, mas uma ferramenta vital para construir uma identidade única, diferenciar-se da concorrência e estabelecer conexões genuínas com clientes. Em um mercado saturado, onde a atenção do consumidor é disputada a cada segundo, contar uma história autêntica pode ser o diferencial que cativa, conquista a confiança e fideliza clientes.

Pequenas empresas muitas vezes operam em comunidades locais, onde o boca a boca é crucial. O storytelling permite que essas empresas se destaquem, compartilhando não apenas o que fazem, mas por que o fazem. Ao construir uma narrativa sólida, as pequenas empresas podem humanizar sua marca, tornando-a mais acessível e significativa para o público.

Exemplos de Empresas Bem-Sucedidas que Utilizam Storytelling

Várias empresas, independentemente do tamanho, alcançaram sucesso notável integrando storytelling em suas estratégias de comunicação. Empresas como a Patagonia, conhecida por suas práticas sustentáveis, ou a TOMS, que promove uma abordagem única para a responsabilidade social, são exemplos inspiradores de como contar histórias autênticas pode criar laços emocionais com os consumidores.

Outro exemplo notável é a Apple, que construiu sua marca em torno da narrativa da inovação, simplicidade e design elegante. Essas histórias não apenas vendem produtos, mas constroem uma lealdade duradoura, transformando clientes em defensores da marca.

Neste capítulo, exploraremos a fundo o que torna o storytelling tão poderoso, como ele pode ser aplicado às pequenas empresas e como aprender com exemplos reais de sucesso.

Capítulo 2: Elementos Essenciais do Storytelling

Personagens Envolventes

No coração de qualquer boa história estão personagens cativantes que ressoam com o público, criando uma conexão emocional e uma identificação instantânea. Ao aplicar o storytelling às pequenas empresas, a criação de personagens envolventes é essencial para dar vida à narrativa e tornar a mensagem mais memorável.

1. Desenvolvimento de Personagens:

- Introduza personagens que representem valores e características da empresa.

- Desenvolva perfis detalhados, incluindo motivações, desafios e objetivos.

2. Relatabilidade:

- Faça com que os personagens sejam relatos e identificáveis pelo público-alvo.
- Mostre vulnerabilidade e superação para criar empatia.

3. Consistência:

- Mantenha a consistência na representação dos personagens em diferentes histórias.
- Evite contradições que possam prejudicar a credibilidade da narrativa.

4. Evolução ao Longo do Tempo:

- Permita que os personagens evoluam para manter a narrativa fresca e interessante.
- Use eventos significativos para impulsionar o desenvolvimento dos personagens.

5. Conflitos e Desafios:

- Introduza conflitos que os personagens enfrentem, proporcionando oportunidades para crescimento e aprendizado.
- Mostre como a empresa supera desafios, destacando a resiliência e a determinação.

6. Humanização da Marca:

- Utilize personagens para humanizar a marca, mostrando que por trás de produtos ou serviços há pessoas reais com histórias envolventes.
- Destaque a autenticidade para construir confiança com o público.

Ao criar personagens envolventes, as pequenas empresas podem transformar histórias em experiências significativas, deixando uma impressão duradoura nos consumidores. No próximo capítulo, exploraremos a construção de enredos convincentes para complementar esses personagens, consolidando assim uma narrativa robusta e memorável.

Enredo Convincente

Assim como personagens cativantes são essenciais, um enredo convincente é a espinha dorsal de qualquer história envolvente. O enredo guia o espectador ou leitor por uma jornada, mantendo seu interesse e culminando em um desfecho memorável. Para pequenas empresas, a construção de um enredo convincente é crucial para manter a atenção do público e transmitir a mensagem de maneira eficaz.

1. Estrutura Narrativa:

- Apresentação: Estabeleça o contexto da história, introduzindo o ambiente, os personagens e os elementos-chave.
- Conflito: Introduza desafios ou obstáculos que os personagens enfrentam, criando tensão e interesse.
- Clímax: Alcance o ponto culminante da narrativa, onde a resolução do conflito se torna iminente.
- Resolução: Apresente a conclusão da história, destacando o crescimento ou a transformação resultante do conflito.

2. Tensão Emocional:

- Utilize reviravoltas e momentos emocionantes para manter o interesse do público.

- Conecte-se emocionalmente com os espectadores, explorando sentimentos como esperança, superação e alegria.

3. Relevância para o Público:

- Certifique-se de que o enredo ressoe com as preocupações e aspirações do público-alvo.
- Demonstre como a história da empresa se relaciona com a vida dos consumidores.

4. Autenticidade:

- Conte histórias verdadeiras e genuínas, evitando exageros ou falsidades que possam prejudicar a credibilidade.
- Destaque os desafios reais enfrentados pela empresa, transmitindo autenticidade.

5. Elementos Marcantes:

- Inclua elementos memoráveis que se destacam na mente do público, como citações impactantes, momentos inesperados ou viradas emocionantes.

- Use a singularidade da história para criar uma marca distintiva.

6. Continuidade Narrativa:

- Mantenha uma narrativa consistente ao longo do tempo, construindo uma história contínua que evolua com a empresa.
- Ajuste a narrativa conforme a empresa cresce ou enfrenta mudanças significativas.

Ao construir um enredo convincente, as pequenas empresas podem transformar histórias em ferramentas poderosas de engajamento, fortalecendo a conexão com seu público-alvo. No próximo capítulo, exploraremos como o conflito e a resolução desempenham papéis fundamentais na construção de narrativas impactantes.

Conflito e Resolução

O conflito é o combustível que impulsiona a narrativa, criando tensão e oportunidades para o crescimento dos personagens e da empresa. Ao introduzir desafios significativos, as pequenas empresas podem envolver seu público de maneira mais profunda, transmitindo uma mensagem mais poderosa e memorável.

1. Identificação do Conflito:

- Introduza conflitos relevantes e significativos que ressoem com a experiência do público-alvo.
- Demonstre como esses conflitos surgem organicamente da natureza da empresa ou das circunstâncias do mercado.

2. Desenvolvimento do Conflito:

- Construa o conflito ao longo da narrativa, aumentando a tensão gradualmente.
- Explore os efeitos do conflito nos personagens e na empresa, destacando desafios específicos.

3. Empatia e Superposição:

- Permita que o público se identifique com o conflito, evocando emoções e empatia.
- Mostre como a resolução do conflito é crucial para o bem-estar da empresa e, por extensão, para os consumidores.

4. Soluções Autênticas:

- Apresente a resolução do conflito de maneira autêntica e realista.

- Destaque as ações específicas tomadas pela empresa para superar desafios, transmitindo determinação e inovação.

5. Aprendizado e Crescimento:

- Mostre como os desafios enfrentados contribuem para o aprendizado e crescimento da empresa.

- Destaque as lições aprendidas e as mudanças positivas resultantes da resolução do conflito.

6. Comunicação Transparente:

- Seja transparente sobre os desafios enfrentados, comunicando efetivamente como a empresa lidou com essas situações.

- Construa confiança ao mostrar a capacidade da empresa em superar obstáculos.

Ao integrar conflitos e resoluções de maneira convincente, as pequenas empresas podem criar histórias que não apenas prendem a atenção, mas também inspiram e fortalecem a relação com o público. No próximo capítulo, exploraremos como as emoções e a conexão desempenham um papel vital na eficácia do storytelling para pequenas empresas.

Emoções e Conexão

O poder do storytelling reside na capacidade de evocar emoções autênticas e estabelecer uma conexão genuína entre a empresa e seu público. Ao incorporar elementos emocionais nas narrativas, as pequenas empresas podem criar uma experiência memorável que vai além da transação comercial, deixando uma impressão duradoura.

1. Identificação Emocional:

- Explore emoções universais que ressoem com o público, como alegria, empatia, esperança e superação.
- Conecte a narrativa a experiências de vida comuns, tornando-a facilmente compreensível e identificável.

2. Narrativa Visual e Sensorial:

- Utilize descrições vívidas e sensoriais para envolver os sentidos do público.
- Pinte imagens mentais que despertem emoções, tornando a história mais vívida e memorável.

3. Jornada Emocional:

- Construa uma jornada emocional ao longo da narrativa, levando o público por altos e baixos.
- Utilize a progressão emocional para manter o interesse e criar um impacto emocional duradouro.

4. Autenticidade e Vulnerabilidade:

- Seja autêntico ao compartilhar experiências emocionais genuínas.
- Mostre vulnerabilidade quando apropriado, criando uma conexão mais profunda com o público.

5. Interação Interativa:

- Inclua elementos interativos que permitam ao público participar emocionalmente da história.
- Crie oportunidades para compartilhamento de experiências pessoais relacionadas à narrativa.

6. Consistência na Tomada de Decisões:

- Demonstre como as emoções influenciam as decisões da empresa.
- Destaque decisões orientadas por valores emocionais, reforçando a integridade da marca.

7. Personalização para o Público-Alvo:

- Adapte a narrativa para ressoar com as emoções específicas do público-alvo.
- Conheça as aspirações, preocupações e valores do público para criar uma conexão mais personalizada.

Ao cultivar emoções autênticas e estabelecer uma conexão significativa, as pequenas empresas podem transformar suas histórias em poderosas ferramentas de construção de relacionamento. No próximo capítulo, abordaremos ferramentas específicas, como blogs, vídeos e mídias sociais, que podem ser utilizadas para compartilhar efetivamente essas narrativas emocionais com o público.

Capítulo 3: Identidade da Marca e Storytelling

Como o Storytelling Contribui para a Construção da Identidade da Marca

A identidade da marca é a essência distintiva que define uma empresa, destacando suas características únicas e estabelecendo uma conexão emocional com o público. O storytelling emerge como uma ferramenta poderosa na construção e expressão dessa identidade, proporcionando uma narrativa coesa que vai além de produtos e serviços.

1. Definindo Valores e Missão:

- O storytelling permite que as empresas comuniquem efetivamente seus valores fundamentais e missão.
- Ao contar histórias que refletem esses princípios, as empresas conseguem moldar a percepção do público sobre quem são e o que representam.

2. Criando uma Narrativa Unificada:

- O storytelling ajuda a unificar mensagens dispersas e atividades da empresa em uma narrativa coesa.

- Uma história bem elaborada serve como um fio condutor, conectando todas as partes da empresa em uma narrativa unificada.

3. Diferenciação da Concorrência:

- Uma identidade de marca forte, construída por meio de storytelling, diferencia a empresa da concorrência.
- Contar histórias autênticas e envolventes destaca o que torna a empresa única e valiosa para seus clientes.

4. Incorporando a História à Experiência do Cliente:

- O storytelling cria uma experiência mais rica para o cliente, integrando a história da marca em cada interação.
- Da primeira compra à fidelização, a narrativa da marca se torna uma parte integral da jornada do cliente.

5. Construindo Confiança e Lealdade:

- Histórias autênticas constroem confiança ao mostrar a verdadeira essência da empresa.

- A construção de confiança contribui para a lealdade do cliente, pois eles se identificam com a história e os valores compartilhados.

6. Evolução da Identidade ao Longo do Tempo:

- O storytelling permite que a identidade da marca evolua à medida que a empresa cresce e se adapta.
- A capacidade de adaptar e expandir a narrativa ao longo do tempo mantém a marca relevante e conectada com seu público.

7. Consistência na Comunicação:

- Uma narrativa consistente contribui para uma comunicação eficaz e uma imagem de marca clara.
- Consistência gera reconhecimento, fortalecendo a posição da empresa na mente do consumidor.

Ao integrar o storytelling na construção da identidade da marca, as pequenas empresas podem forjar laços emocionais duradouros, destacando-se em um mercado saturado e construindo uma base sólida de clientes leais. No próximo capítulo, exploraremos como criar histórias que ressoem especificamente com o público-alvo da empresa.

Definindo os Valores da Empresa através de Histórias

Os valores de uma empresa são os princípios fundamentais que orientam suas ações e decisões. Integrar esses valores nas histórias da empresa não apenas os torna tangíveis, mas também cria uma conexão emocional mais profunda com o público. Neste capítulo, exploraremos como o storytelling pode ser uma ferramenta eficaz para definir e comunicar os valores fundamentais de uma empresa.

1. Identificação de Valores Fundamentais:

- Antes de contar histórias, é essencial identificar e articular claramente os valores fundamentais da empresa.
- Esses valores podem incluir integridade, inovação, responsabilidade social, sustentabilidade, entre outros.

2. Narrativas que Exemplificam Valores:

- Selecionar e desenvolver histórias que exemplificam cada um dos valores identificados.
- Cada história deve ilustrar como os valores são incorporados nas ações diárias da empresa.

3. Humanizando Valores:

- Use personagens e situações nas histórias para humanizar os valores da empresa.
- Mostre como os valores são vivenciados por indivíduos dentro da organização, tornando-os mais acessíveis e compreensíveis para o público.

4. Histórias de Desafios e Resoluções:

- Conte histórias que destaquem como os valores da empresa são colocados à prova em momentos desafiadores.
- Mostre como a empresa supera esses desafios, mantendo a integridade de seus valores.

5. Alinhamento com o Público-Alvo:

- Certifique-se de que as histórias escolhidas e os valores destacados ressoem com o público-alvo da empresa.
- Conheça as aspirações e preocupações do público para alinhar as histórias de acordo.

6. Construção Gradual da Narrativa:

- Ao longo do tempo, construa uma narrativa contínua que aprofunde a compreensão dos valores da empresa.
- Cada história contribui para a construção de uma imagem mais completa e autêntica da identidade da marca.

7. Transparência e Autenticidade:

- Seja transparente sobre como os valores da empresa são vivenciados diariamente.
- A autenticidade nas histórias fortalece a credibilidade da marca e constrói confiança com o público.

Ao definir os valores da empresa por meio de histórias, as pequenas empresas não apenas comunicam sua identidade de maneira mais eficaz, mas também estabelecem uma base sólida para construir relacionamentos duradouros com os clientes. No próximo capítulo, abordaremos como adaptar as narrativas para diferentes canais de comunicação.

Criando uma Voz Consistente

A voz da marca é a expressão verbal de sua personalidade e valores. No contexto do storytelling, criar uma voz consistente é fundamental para garantir que as histórias ressoem autenticidade e reconhecimento. Este capítulo explora como construir e manter uma voz coesa que amplifique a identidade da marca através de narrativas envolventes.

1. Mapeamento da Personalidade da Marca:

- Antes de contar histórias, é crucial mapear a personalidade da marca, identificando traços que a definem.
- Esses traços podem incluir humor, seriedade, entusiasmo, ou outros atributos que representam a marca de maneira única.

2. Consistência na Linguagem e Tom:

- Mantenha uma linguagem e tom consistentes em todas as histórias contadas pela marca.
- Isso ajuda a criar uma experiência coesa para o público e a fortalecer a identidade da marca.

3. Adaptação da Voz aos Diferentes Canais:

- Entenda que a voz da marca pode precisar ser adaptada para se adequar a diferentes canais de comunicação.
- A linguagem utilizada em um blog pode diferir daquela usada em posts de mídia social, mantendo, no entanto, a essência da voz.

4. Incorporação de Elementos da Identidade Visual:

- Harmonize a voz da marca com os elementos visuais, como logotipos e paleta de cores.
- A consistência entre a linguagem e a identidade visual reforça a coesão da marca.

5. Humanização da Comunicação:

- Utilize a voz da marca para humanizar a comunicação, tornando-a mais acessível e próxima do público.
- Evite uma linguagem excessivamente corporativa, optando por uma abordagem mais pessoal quando apropriado.

6. Alinhamento com os Valores da Marca:

- Certifique-se de que a voz da marca reflita os valores fundamentais da empresa.
- Uma voz alinhada com os valores reforça a autenticidade e a integridade da marca.

7. Feedback e Ajuste Contínuo:

- Esteja aberto ao feedback do público em relação à voz da marca.
- Ajuste a linguagem conforme necessário para garantir que ela ressoe efetivamente com o público-alvo.

Ao criar e manter uma voz consistente, as pequenas empresas podem fortalecer sua identidade de marca, estabelecer um relacionamento mais próximo com os consumidores e tornar suas histórias ainda mais impactantes. No próximo capítulo, exploraremos como conhecer a audiência-alvo pode informar e aprimorar as histórias contadas pela empresa.

Capítulo 4: Conhecendo o Seu Público-Alvo

A Importância da Segmentação de Público

Conhecer a fundo o público-alvo é crucial para o sucesso do storytelling e para a eficácia das estratégias de marketing de uma pequena empresa. Neste capítulo, exploraremos a significativa importância da segmentação de público e como ela pode influenciar positivamente as narrativas da marca.

1. Entendendo as Necessidades e Interesses:

- A segmentação de público permite uma compreensão mais profunda das necessidades, desejos e interesses específicos de grupos distintos.
- Ao conhecer esses aspectos, as histórias podem ser adaptadas para ressoar mais diretamente com as preocupações específicas de cada segmento.

2. Personalização das Histórias:

- Cada segmento de público pode ter uma perspectiva única e valores diferentes.
- A segmentação oferece a oportunidade de personalizar as histórias para cada grupo, tornando-as mais relevantes e envolventes.

3. Mensagens Mais Direcionadas:

- Segmentar o público permite a criação de mensagens mais direcionadas e específicas para cada grupo demográfico.

- Isso aumenta a probabilidade de as histórias serem percebidas como pertinentes e significativas por cada segmento.

4. Aumento da Relevância:

- Histórias que ressoam com as características únicas de cada segmento tornam-se mais relevantes para esses grupos.

- A relevância é essencial para captar a atenção e manter o interesse do público.

5. Construção de Relacionamentos Mais Profundos:

- Ao adaptar as narrativas às peculiaridades de cada segmento, a empresa constrói relacionamentos mais profundos e autênticos com seu público.

- Os consumidores se sentem compreendidos e valorizados, fortalecendo a conexão emocional.

6. Estratégias de Marketing Mais Eficientes:

- Segmentar o público contribui para a eficácia geral das estratégias de marketing.
- Os recursos podem ser direcionados com mais precisão, maximizando o impacto das campanhas de storytelling.

7. *Avaliação Contínua do Público:*

- À medida que a empresa cresce e evolui, é fundamental continuar avaliando e ajustando a segmentação de público.
- Essa avaliação contínua garante que as histórias permaneçam relevantes ao longo do tempo.

Ao reconhecer a importância da segmentação de público, as pequenas empresas podem aprimorar suas estratégias de storytelling, adaptando-as às diversas audiências que desejam alcançar. No próximo capítulo, discutiremos como coletar feedback para ajustar e aprimorar continuamente as narrativas da marca.

Criando Histórias que Ressoam com Seu Público

A arte do storytelling reside na habilidade de criar narrativas que não apenas cativam, mas também ressoam profundamente com o público-alvo. Neste capítulo, exploraremos estratégias práticas para desenvolver histórias que verdadeiramente conectam, envolvem e inspiram o público específico de uma pequena empresa.

*1. Pesquisa Detalhada:

- Conduza uma pesquisa detalhada para entender as características demográficas, comportamentais e psicográficas do público-alvo.
- Aprofunde-se em suas preferências, desafios e aspirações.

*2. Identificação de Pontos em Comum:

- Descubra os pontos em comum entre a marca e o público-alvo.
- Histórias que destacam experiências compartilhadas ajudam a criar uma conexão mais profunda.

*3. Narrativas Relacionáveis:

- Desenvolva histórias que espelhem situações e desafios reais enfrentados pelo público-alvo.

- Quanto mais relatable for a história, mais o público se identificará.

*4. Inclusão de Elementos Culturais:

- Seja sensível às nuances culturais e valores específicos do público.
- Histórias que incorporam elementos culturais relevantes têm maior probabilidade de ressoar.

*5. Utilização de Personagens Representativos:

- Crie personagens que representem a diversidade e a singularidade do público-alvo.
- A inclusão de personagens representativos facilita a identificação do público com a história.

*6. Alinhamento com Aspirações e Desafios:

- Estruture histórias que abordem as aspirações e desafios específicos enfrentados pelo público.
- Ao mostrar a superação desses desafios, as histórias se tornam inspiradoras e motivacionais.

*7. Feedback Iterativo:

- Coletar feedback iterativo é crucial para entender como as histórias estão sendo recebidas.
- Esteja aberto a ajustes com base nas respostas do público, garantindo relevância contínua.

*8. Narrativas que Empoderam:

- Desenvolva histórias que empoderem o público-alvo, destacando como a marca pode fazer parte da solução para seus problemas.
- Histórias que inspiram a ação têm um impacto mais duradouro.

*9. Variedade de Formatos de História:

- Experimente diferentes formatos de histórias, como vídeos, blog posts, podcasts, para encontrar o que mais ressoa com o público.
- A diversidade de formatos pode atender a diferentes preferências de consumo.

Ao criar histórias que ressoam com o público, as pequenas empresas não apenas captam a atenção, mas também constroem laços significativos que se traduzem em lealdade e advocacy. No próximo capítulo, exploraremos ferramentas específicas, como blogs, vídeos e mídias sociais, para disseminar efetivamente essas narrativas envolventes.

Coletando Feedback para Ajustar Suas Narrativas

Receber feedback é fundamental para aprimorar as narrativas da sua marca e garantir que elas ressoem de maneira eficaz com o público-alvo. Neste capítulo, exploraremos estratégias práticas para coletar feedback valioso e aplicá-lo de maneira significativa no refinamento contínuo das suas histórias.

*1. **Pesquisas e Questionários:**

- Desenvolva pesquisas e questionários que se concentrem especificamente nas percepções do público em relação às suas histórias.
- Perguntas abertas e fechadas podem oferecer insights variados sobre o impacto das narrativas.

*2. **Acompanhamento em Redes Sociais:**

- Monitore atentamente as interações nas redes sociais para capturar as reações diretas do público.

* Comentários, compartilhamentos e curtidas fornecem pistas sobre o engajamento e a recepção das histórias.

*3. Entrevistas e Grupos Focais:

* Conduza entrevistas individuais ou grupos focais para obter feedback mais aprofundado.
* A interação direta permite uma compreensão mais detalhada das emoções e percepções do público.

*4. Análise de Métricas de Desempenho:

* Utilize métricas analíticas, como taxas de cliques, tempo de permanência e taxa de conversão, para avaliar o desempenho das histórias.
* Identifique padrões que indiquem o que está funcionando e o que pode precisar de ajustes.

*5. Solicitação de Comentários Públicos:

* Incentive o público a fornecer feedback público em plataformas online.
* Isso não apenas fornece insights valiosos, mas também demonstra transparência e abertura para melhorias.

*6. Monitoramento de Comentários Negativos:

- Esteja atento a comentários negativos e críticas construtivas.
- Em vez de encará-los como obstáculos, veja-os como oportunidades de aprendizado e ajuste.

*7. Testes A/B:

- Realize testes A/B com diferentes versões de uma história para avaliar qual abordagem ressoa melhor.
- Comparar resultados ajuda a refinar a narrativa com base em preferências claras.

*8. Avaliação de Engajamento em Eventos:

- Se a sua marca participa de eventos, avalie o engajamento do público durante essas ocasiões.
- A resposta direta e as interações pessoais podem oferecer insights valiosos.

*9. Feedback Contínuo:

- Estabeleça um canal de feedback contínuo para incentivar o público a compartilhar suas opiniões regularmente.

- Isso cria um ciclo constante de ajustes e melhorias nas narrativas.

Ao coletar feedback de maneira sistemática e proativa, as pequenas empresas podem garantir que suas histórias continuem a evoluir de acordo com as preferências e expectativas do público-alvo. No próximo capítulo, exploraremos estratégias específicas para utilizar diversas plataformas e formatos de conteúdo na disseminação eficaz das histórias da marca.

Capítulo 5: Ferramentas de Storytelling para Pequenas Empresas

Blogging: A Arte de Contar Histórias Online

O blogging é uma ferramenta poderosa que oferece às pequenas empresas uma plataforma para compartilhar narrativas envolventes, construir relacionamentos com o público e fortalecer a identidade da marca. Neste capítulo, exploraremos como o blogging pode ser uma peça fundamental na estratégia de storytelling para pequenas empresas.

*1. Narrativas Longas e Profundas:

- O formato do blog permite que as pequenas empresas contem histórias mais longas e detalhadas, explorando profundamente seus valores, missão e experiências.

- A narrativa longa permite uma imersão mais completa na história, capturando a atenção e o interesse do leitor.

*2. Atualizações Regulares:

- Manter um blog ativo oferece a oportunidade de compartilhar regularmente novas histórias.

- Atualizações consistentes mantêm a marca na mente do público e alimentam o engajamento contínuo.

*3. Inclusão de Elementos Visuais:

- Acompanhe as histórias com elementos visuais, como imagens, infográficos e vídeos, para enriquecer a experiência do leitor.

- A combinação de texto e elementos visuais aprimora o impacto da narrativa.

*4. Compartilhamento em Redes Sociais:

- Os blogs podem ser compartilhados facilmente em diversas plataformas de redes sociais.
- Isso amplia o alcance das histórias, permitindo que sejam descobertas por um público mais amplo.

*5. Feedback Direto dos Leitores:

- Os comentários em blogs oferecem um canal direto para receber feedback imediato dos leitores.
- A interação direta ajuda a entender como as histórias estão sendo percebidas e permite ajustes conforme necessário.

*6. Histórias de Bastidores e Case Studies:

- Utilize o blog para compartilhar histórias de bastidores, destacando a cultura e as pessoas por trás da empresa.
- Case studies também são uma maneira eficaz de contar histórias de sucesso, mostrando resultados tangíveis.

*7. Construção de Autoridade no Setor:

- O compartilhamento consistente de histórias relevantes ajuda a construir autoridade no setor.
- Os leitores percebem a empresa como uma fonte confiável de informações e experiências.

*8. SEO e Descoberta Online:

- Os blogs otimizados para mecanismos de busca (SEO) melhoram a visibilidade online.
- Uma estratégia eficaz de SEO aumenta a chance de que as histórias da empresa sejam descobertas por novos públicos.

*9. Call-to-Action Estratégicos:

- Integre call-to-action (CTA) estrategicamente nas histórias, orientando os leitores para ações específicas, como a assinatura de newsletters ou a compra de produtos.
- Os CTA direcionam a jornada do leitor de maneira intencional.

Ao incorporar o blogging como parte integrante da estratégia de storytelling, as pequenas empresas podem criar um canal dinâmico para compartilhar suas histórias, conectar-se com o público e construir uma presença online autêntica e envolvente. No próximo capítulo, exploraremos outra ferramenta poderosa: o uso de vídeos na narrativa da marca.

Vídeos: Transformando Histórias em Experiências Visuais

O uso de vídeos como ferramenta de storytelling proporciona às pequenas empresas uma maneira dinâmica e envolvente de se conectar com seu público. Neste capítulo, exploraremos como os vídeos podem amplificar as histórias da marca, proporcionando uma experiência visual e emocionalmente impactante.

*1. **Emoção Visual e Auditiva:**

- Os vídeos permitem a transmissão de emoções não apenas através das palavras, mas também de elementos visuais e auditivos.
- A combinação de imagens, música e narração pode criar uma experiência mais rica e memorável.

*2. **Conteúdo de Curta e Longa Duração:**

- Desde vídeos curtos para redes sociais até narrativas mais longas em formatos como documentários, os vídeos oferecem flexibilidade de duração.
- O formato pode ser adaptado de acordo com a complexidade da história e a preferência do público.

*3. Bastidores e "Making-of":

- Use vídeos para levar os espectadores aos bastidores da empresa, mostrando o processo de criação e a equipe por trás do negócio.
- Os "making-of" proporcionam uma visão autêntica e transparente da marca.

*4. Depoimentos e Histórias de Clientes:

- Apresente depoimentos e histórias de clientes em vídeos, destacando experiências reais com produtos ou serviços.
- A autenticidade dos depoimentos contribui para a credibilidade da marca.

*5. Transmissões ao Vivo:

- A transmissão ao vivo oferece uma oportunidade única de interação em tempo real com o público.
- Eventos ao vivo, entrevistas e sessões de perguntas e respostas podem ser incorporados à estratégia de storytelling.

*6. Animações e Gráficos:

- Utilize animações e gráficos para simplificar conceitos complexos ou ilustrar dados de maneira visualmente atraente.
- Elementos visuais dinâmicos mantêm o interesse do espectador.

*7. Histórias Séries:

- Desenvolva séries de vídeos que contem uma história ao longo do tempo.
- O formato de séries mantém o público engajado e antecipa a próxima parte da narrativa.

*8. Integração com Plataformas Sociais:

- Compartilhe vídeos diretamente em plataformas sociais populares, aproveitando as características visuais dessas redes.
- O compartilhamento em redes sociais aumenta a visibilidade e a participação.

*9. Histórias Interativas e Escolhas do Espectador:

- Explore formatos interativos que permitem ao espectador fazer escolhas e influenciar o curso da narrativa.
- Essa abordagem envolve o espectador de maneira mais ativa na história.

Ao incorporar vídeos na estratégia de storytelling, as pequenas empresas podem oferecer ao seu público uma experiência mais imersiva e cativante. A próxima seção explorará outra ferramenta valiosa: como as mídias sociais podem ser aproveitadas para amplificar as histórias da marca.

Mídias Sociais: Amplificando Histórias e Construindo Comunidades

As mídias sociais se destacam como uma plataforma dinâmica e interativa para contar histórias, permitindo que pequenas empresas alcancem públicos amplos e construam comunidades online. Neste capítulo, exploraremos como as mídias sociais podem ser utilizadas de maneira eficaz na disseminação e amplificação das narrativas da sua marca.

*1. **Histórias Efêmeras:**

- A utilização de recursos de histórias efêmeras, presentes em plataformas como Instagram e Facebook, permite compartilhar conteúdo temporário e mais casual.
- Essas histórias são ideais para mostrar eventos ao vivo, bastidores e atualizações rápidas.

*2. **Publicações Regulares e Consistentes:**

- Mantenha uma presença consistente nas mídias sociais, compartilhando regularmente histórias e atualizações.
- A consistência constrói expectativas e mantém o interesse do público.

*3. **Engajamento com o Público:**

- Responda aos comentários e mensagens diretamente nas plataformas de mídia social.

- O engajamento ativo constrói relacionamentos mais próximos com o público e demonstra uma presença atenciosa.

*4. **Uso Estratégico de Hashtags:**

- Utilize hashtags estrategicamente para aumentar a visibilidade das suas histórias.

- Hashtags populares e específicas da marca podem facilitar a descoberta de conteúdo por novos públicos.

*5. **Conteúdo Visual Atraente:**

- Priorize conteúdo visualmente atraente, como imagens e vídeos, que se destaquem no feed das mídias sociais.

- O conteúdo visual é mais propenso a chamar a atenção e ser compartilhado.

*6. **Histórias de Sucesso e Conquistas:**

- Compartilhe marcos, sucessos e conquistas da empresa nas mídias sociais.

- Essas histórias celebram o progresso e reforçam a positividade em torno da marca.

*7. Campanhas Interativas e Desafios:

- Crie campanhas interativas, como enquetes, desafios e perguntas aos seguidores.
- A participação ativa do público constrói uma comunidade envolvente.

*8. Colaborações e Parcerias:

- Colabore com influenciadores ou outras marcas em iniciativas de storytelling.
- Parcerias podem amplificar o alcance das histórias para novos públicos.

*9. Uso Estratégico de Vídeos ao Vivo:

- Explore vídeos ao vivo para interações em tempo real com o público.
- Sessões de perguntas e respostas ao vivo, entrevistas e eventos online proporcionam uma experiência autêntica.

*10. **Feedback Imediato:** - As mídias sociais oferecem um canal direto para receber feedback instantâneo. - Aproveite esse recurso para ajustar narrativas com base nas reações e opiniões do público.

Ao incorporar estratégias de storytelling nas mídias sociais, as pequenas empresas podem criar uma presença online envolvente, construir comunidades leais e expandir o alcance das suas histórias. No próximo capítulo, discutiremos como integrar todas essas ferramentas em uma estratégia coesa de storytelling para pequenas empresas.

E-mails: A Caixa de Histórias Diretamente na Caixa de Entrada

O e-mail marketing continua sendo uma ferramenta poderosa para pequenas empresas construírem relacionamentos duradouros com seus clientes. Ao integrar storytelling a campanhas de e-mail, as empresas podem envolver seu público de maneira mais pessoal e eficaz. Neste capítulo, exploraremos estratégias sobre como os e-mails podem ser utilizados como uma ferramenta de storytelling envolvente.

*1. **Histórias na Jornada do Cliente:**

- Utilize e-mails para contar histórias que acompanhem a jornada do cliente, desde a descoberta até a fidelização.

- Séries de e-mails podem desdobrar narrativas ao longo do tempo, mantendo o público engajado.

*2. Newsletters Narrativas:

- Transforme suas newsletters em veículos de storytelling, destacando atualizações, histórias de bastidores e depoimentos de clientes.

- O formato de newsletter oferece uma maneira regular de compartilhar histórias diretamente na caixa de entrada do público.

*3. E-mails Personalizados:

- Segmente sua lista de e-mails para enviar histórias personalizadas que ressoem com diferentes grupos demográficos ou interesses.

- A personalização aumenta a relevância e a conexão emocional.

*4. Linha do Tempo da Empresa:

- Crie uma linha do tempo da empresa através de e-mails, destacando momentos-chave e marcos importantes.
- Isso permite que os assinantes acompanhem o progresso e a evolução da empresa ao longo do tempo.

*5. Histórias de Clientes de Destaque:

- Destaque histórias de clientes de sucesso, compartilhando suas experiências de forma autêntica.
- Isso não apenas fornece testemunhos valiosos, mas também humaniza a marca.

*6. Séries de E-mails Educacionais:

- Desenvolva séries de e-mails educativos que contem histórias para explicar conceitos complexos, processos ou benefícios de produtos.
- A narração pode facilitar a compreensão e tornar o conteúdo mais acessível.

*7. E-mails de Aniversário e Comemorativos:

- Celebre aniversários de clientes, marcos importantes ou datas comemorativas através de e-mails personalizados.

- Isso cria momentos especiais e fortalece a conexão emocional.

*8. Narrativas de Lançamentos e Novidades:

- Utilize e-mails para contar histórias empolgantes sobre lançamentos de produtos, atualizações ou outras novidades.

- Histórias instigantes criam antecipação e entusiasmo entre os assinantes.

*9. E-mails de Agradecimento e Reconhecimento:

- Envie e-mails de agradecimento expressando gratidão aos clientes.

- Inclua histórias de como o apoio dos clientes impacta positivamente a empresa.

*10. Calls-to-Action Estratégicos: - Integre calls-to-action (CTA) nos e-mails para direcionar os leitores para interações específicas, como visitar o site, participar de promoções ou

compartilhar histórias nas redes sociais. - Os CTA direcionados ajudam a orientar a resposta do público.

Ao incorporar storytelling em campanhas de e-mail, as pequenas empresas podem criar uma abordagem mais pessoal, construir relacionamentos sólidos e manter uma comunicação significativa com seu público. No próximo capítulo, exploraremos como consolidar todas essas ferramentas em uma estratégia coesa de storytelling para pequenas empresas.

Capítulo 6: Contando Sua Própria História

Criando a Narrativa da Fundação da Empresa

Contar a história da fundação da empresa é mais do que um exercício de retrospectiva; é uma oportunidade de transmitir a essência e os valores fundamentais que deram origem ao negócio. Neste capítulo, exploraremos estratégias para criar uma narrativa envolvente que destaque os momentos-chave da formação da empresa e estabeleça uma conexão autêntica com o público.

*1. **Identificando os Marcos Fundamentais:**

- Reflita sobre os momentos significativos que moldaram o nascimento da empresa, desde a concepção da ideia até os primeiros passos concretos.
- Identifique marcos que exemplificam os valores, a missão e a visão iniciais.

*2. Conectando com a Paixão do Fundador:

- Compartilhe a paixão que inspirou a criação da empresa.
- Ao destacar a motivação intrínseca por trás do negócio, você cria uma conexão emocional com o público.

*3. Contextualizando Desafios e Superando Obstáculos:

- Não hesite em falar sobre os desafios e obstáculos enfrentados nos estágios iniciais.
- Narrar como a empresa superou adversidades adiciona autenticidade à história e destaca a resiliência.

*4. Introduzindo os Personagens Principais:

- Apresente as pessoas-chave envolvidas na fundação da empresa.
- Destacar as personalidades e habilidades de cada indivíduo contribui para uma narrativa mais rica.

*5. Estabelecendo a Missão e Valores:

- Explore como a missão e os valores foram formulados e incorporados à identidade da empresa.
- Esses elementos fundamentais devem ser claramente comunicados na narrativa.

*6. Elementos Visuais e Multimídia:

- Utilize elementos visuais, como fotos e vídeos, para dar vida à narrativa da fundação.
- Imagens e multimídia oferecem uma experiência mais imersiva para o público.

*7. Transparência e Honestidade:

- Seja transparente sobre as decisões difíceis e escolhas feitas nos primeiros dias.
- A honestidade cria confiança e permite que o público compreenda a jornada autêntica da empresa.

*8. Incorporando Feedback Inicial:

- Conte histórias sobre como o feedback inicial, seja positivo ou construtivo, moldou a evolução da empresa.
- Isso demonstra uma abordagem aberta e receptiva ao crescimento.

*9. Crescimento e Desenvolvimento Inicial:

- Ilustre como a empresa cresceu e se desenvolveu nos estágios iniciais.
- Destaque parcerias, conquistas e marcos significativos.

***10. Contextualizando no Presente:** - Encerre a narrativa da fundação conectando-a ao presente. - Mostre como os valores fundamentais continuam a influenciar as operações e decisões atuais.

Ao contar a história da fundação da empresa, as pequenas empresas podem estabelecer uma base sólida para construir conexões mais profundas com o público. No próximo capítulo, discutiremos como manter a narrativa consistente ao longo do tempo, à medida que a empresa cresce e evolui.

Destacando Conquistas e Superando Desafios

A narrativa da fundação de uma empresa é repleta de momentos marcantes, seja na forma de conquistas notáveis ou na superação de desafios significativos. Neste capítulo, exploraremos como destacar essas experiências, proporcionando uma perspectiva autêntica e inspiradora que ressoa com o público.

*1. Celebrando Conquistas Importantes:

- Identifique as principais conquistas que definiram o crescimento e o sucesso da empresa.
- Desde marcos financeiros até reconhecimentos da indústria, destaque esses sucessos de maneira atraente.

*2. Narrando os Desafios Superados:

- Explore os desafios que a empresa enfrentou e suplantou ao longo do tempo.
- Compartilhe histórias específicas que ilustrem a resiliência e a capacidade de adaptação da empresa.

*3. Momentos Pivôs e Decisões Cruciais:

- Conte histórias sobre momentos cruciais em que a empresa teve que tomar decisões importantes.
- Destaque como essas decisões contribuíram para o crescimento ou superação de desafios.

*4. Aprendizados a Partir de Fracassos:

- Não hesite em falar sobre fracassos e os valiosos aprendizados que resultaram deles.
- A capacidade de aprender e se adaptar é uma narrativa poderosa.

*5. Reconhecendo a Equipe:

- Destaque as contribuições fundamentais da equipe da empresa para o sucesso e as superações.
- Reconhecer o trabalho árduo e a dedicação cria uma narrativa inclusiva.

*6. Histórias de Clientes como Conquistas:

- Utilize histórias de clientes como exemplos de conquistas significativas.
- Casos de sucesso e depoimentos destacam a eficácia e o impacto positivo da empresa.

*7. Inovação e Adaptação ao Mercado:

- Narre histórias sobre como a empresa inovou e se adaptou às mudanças do mercado.
- A habilidade de se manter relevante ao longo do tempo é uma conquista por si só.

*8. Reconhecimentos e Prêmios:

- Se a empresa foi reconhecida com prêmios ou honras, integre essas realizações à narrativa.
- Isso valida a qualidade e o valor do trabalho da empresa.

*9. Histórias de Retorno e Recuperação:

- Se a empresa enfrentou períodos desafiadores e posteriormente se recuperou, destaque essas histórias de ressurgimento.
- Isso demonstra resiliência e determinação.

*10. **Olhar para o Futuro:** - Conclua a narrativa destacando como as conquistas passadas e a superação de desafios posicionam a empresa para o futuro. - Transmita otimismo e confiança em relação às próximas etapas da jornada.

Ao compartilhar as conquistas e superações da empresa, a narrativa não apenas destaca a força da marca, mas também cria uma conexão emocional com o público, inspirando confiança e lealdade. No próximo capítulo, exploraremos estratégias para manter essa narrativa consistente e relevante à medida que a empresa continua a crescer e evoluir.

Personalizando a História para Diferentes Canais de Comunicação

Contar a história da sua empresa não é uma abordagem única, e a personalização da narrativa para diferentes canais de comunicação é essencial para alcançar diversos públicos de maneira eficaz. Neste capítulo, exploraremos estratégias para adaptar a história da sua empresa a diferentes plataformas, mantendo uma mensagem coesa e envolvente.

*1. **Adaptação de Formato para Mídias Sociais:**

- Personalize a forma como você apresenta sua história em plataformas de mídias sociais, utilizando formatos específicos, como posts curtos para Twitter, histórias efêmeras para Instagram, e vídeos curtos para TikTok.

- Ajuste o tom e o estilo para se alinhar com as expectativas e comportamentos do público em cada plataforma.

*2. Enfatizando Visualmente em Plataformas Visuais:

- Em plataformas altamente visuais, como Instagram e Pinterest, destaque elementos visuais atrativos, como imagens e infográficos.
- O apelo visual aumenta a atratividade e compartilhamento do conteúdo.

*3. Detalhamento em Blogs e Artigos:

- Para blogs e artigos, aproveite a oportunidade de detalhar elementos específicos da história da empresa.
- Aprofunde-se em aspectos relevantes, proporcionando uma experiência mais rica para os leitores.

*4. Vídeos Contando a Jornada no YouTube:

- No YouTube, conte a jornada da sua empresa por meio de vídeos mais longos e envolventes.

- Use recursos visuais, entrevistas e elementos narrativos para criar uma experiência atraente.

*5. Segmentação de Público em E-mails Personalizados:

- Ao incorporar a história da empresa em campanhas de e-mail, segmente a mensagem de acordo com os interesses e características do público-alvo.
- Personalize e-mails para diferentes segmentos da sua lista.

*6. Uso de Animações em Apresentações:

- Em apresentações, utilize animações para tornar a história mais dinâmica e envolvente.
- Gráficos animados e elementos visuais interativos podem manter a atenção do público.

*7. Narrativa Concisa para Comunicados de Imprensa:

- Para comunicados de imprensa, destile a narrativa da empresa em uma mensagem concisa e envolvente.
- Destaque conquistas recentes e futuros planos de maneira direta.

*8. Adaptação para Canais de Áudio:

- Se sua empresa está presente em plataformas de áudio, como podcasts, adapte a história para o formato auditivo.
- Utilize narração envolvente e entrevistas para criar uma experiência única.

*9. Conteúdo Interativo nas Redes Sociais:

- Experimente conteúdo interativo em plataformas de mídias sociais, como enquetes, perguntas e respostas, e quizzes.
- A interatividade envolve o público de maneira mais ativa na história.

*10. Consistência de Mensagem em Todos os Canais: -

Apesar das adaptações, mantenha uma consistência essencial na mensagem central da história em todos os canais. - Isso ajuda a construir uma imagem coesa da empresa na mente do público.

Ao personalizar a história para diferentes canais, as pequenas empresas podem otimizar a relevância e o impacto da narrativa em cada plataforma, maximizando o alcance e a conexão com seu público diversificado. No próximo capítulo, exploraremos como medir o sucesso da estratégia de storytelling e fazer ajustes contínuos para manter a narrativa atualizada e envolvente.

Capítulo 7: Exercícios Práticos: Desenvolvendo Histórias para Diferentes Situações

A prática é fundamental para aprimorar a habilidade de desenvolver histórias envolventes para diferentes situações. Os exercícios a seguir são projetados para ajudar a refinar suas habilidades de storytelling em diversas plataformas e contextos.

Exercício 1: História Curta para Redes Sociais

Escolha uma das redes sociais, como Twitter ou Instagram, e desenvolva uma história curta que transmita a essência da sua empresa ou marca. Limite-se a um determinado número de caracteres ou palavras para desafiar a concisão da sua narrativa. Foque em despertar interesse e incentivar o engajamento.

Exercício 2: Blog Post Narrativo

Imagine que está escrevendo um blog post sobre a fundação da sua empresa. Desenvolva uma narrativa detalhada que destaque os momentos-chave desde a concepção da ideia até os primeiros passos. Utilize imagens ou gráficos para complementar a história e mantenha o tom alinhado ao estilo do seu blog.

Exercício 3: Podcast de História Empresarial

Crie um roteiro para um episódio de podcast que conte a história da sua empresa. Pense na estrutura do episódio, incluindo momentos-chave, entrevistas com membros da equipe e talvez até depoimentos de clientes. Considere como você pode transmitir a emoção e a autenticidade através do áudio.

Exercício 4: E-mail de Aniversário Personalizado

Escreva um e-mail de aniversário para um cliente, personalizando a mensagem com base no histórico de interações e compras desse cliente. Integre elementos da história da sua empresa, destacando marcos importantes ou conquistas desde que o cliente se tornou parte da comunidade.

Exercício 5: História Interativa em uma Live no Instagram

Planeje uma transmissão ao vivo no Instagram em que você conta uma história interativa. Envolver o público com perguntas, enquetes ou desafios relacionados à narrativa da sua empresa. Crie uma experiência participativa que incentive a interação e o compartilhamento de histórias pelos espectadores.

Exercício 6: Animação para Explicar um Conceito Complexo

Desenvolva um pequeno vídeo animado que explique um conceito complexo relacionado ao seu produto ou serviço. Utilize elementos visuais para simplificar informações e conte uma história que torne o conteúdo acessível e interessante para o público.

Exercício 7: Atualização de Conquistas para Comunicado de Imprensa

Escreva um comunicado de imprensa que destaque recentes conquistas da sua empresa. Estruture a narrativa de maneira atraente para os jornalistas, enfatizando os elementos que podem gerar interesse público. Mantenha a mensagem clara e objetiva.

Exercício 8: Storytelling para uma Apresentação de Vendas

Desenvolva uma narrativa persuasiva para ser incorporada a uma apresentação de vendas. Conte uma história que destaque os benefícios do seu produto ou serviço, focando nos problemas que resolve para os clientes. Utilize elementos visuais e depoimentos para reforçar a credibilidade.

Exercício 9: História de Bastidores para História Efêmera no Snapchat

Crie uma história efêmera para o Snapchat que leve os seguidores aos bastidores da sua empresa. Mostre o dia a dia, a cultura da empresa e compartilhe momentos autênticos que os seguidores normalmente não veriam. Use legendas e emojis para adicionar personalidade à narrativa.

Exercício 10: História de Cliente para Newsletter Mensal

Desenvolva uma narrativa de cliente para ser incluída em uma newsletter mensal. Destaque a experiência de um cliente específico, desde a descoberta do produto até a satisfação pós-compra. Inclua imagens e citações do cliente para dar autenticidade à história.

Esses exercícios práticos ajudarão a aprimorar suas habilidades de storytelling e adaptar narrativas para diferentes situações e plataformas. Lembre-se de ajustar cada história de acordo com o contexto e o público-alvo específicos.

Exemplo de Exercício Prático: História Curta para Redes Sociais

Imagine que você é o fundador de uma pequena empresa de produtos sustentáveis. Vamos desenvolver uma história curta para ser compartilhada no Twitter:

X: *"Há alguns anos, sonhei em criar algo que não fosse apenas um produto, mas uma declaração de responsabilidade ambiental. ♡ Assim nasceu nossa empresa de produtos sustentáveis! Desde então, cada passo tem sido um compromisso com um futuro mais verde. #Sustentabilidade #HistóriaDaEmpresa"*

Neste exemplo, o tweet destaca a motivação intrínseca por trás da criação da empresa, menciona a ênfase na sustentabilidade e usa emojis para adicionar uma dimensão visual e emocional. A hashtag ajuda a aumentar a visibilidade da história para um público interessado em questões ambientais.

Adapte essa abordagem conforme a identidade e a mensagem da sua empresa. Cada plataforma tem suas peculiaridades, e é essencial ajustar o tom, o comprimento e os elementos visuais de acordo com as características específicas do canal escolhido.

Integrando o Storytelling no Treinamento de Equipe: Uma Abordagem Cativante para o Desenvolvimento Profissional

O storytelling é uma ferramenta poderosa não apenas na construção de marcas, mas também como uma estratégia eficaz para o treinamento de equipe. Ao incorporar elementos narrativos, é possível envolver os colaboradores, transmitir informações de maneira memorável e fortalecer a cultura organizacional. Vamos explorar como o storytelling pode ser integrado de forma impactante no treinamento de equipe.

1. Conexão Emocional e Engajamento:

- **Objetivo:** Criar uma conexão emocional entre os membros da equipe e os objetivos organizacionais.
- **Abordagem:** Compartilhe histórias inspiradoras que destacam os valores da empresa, desafios superados e sucessos coletivos. Essas narrativas podem motivar a equipe, gerando um senso de propósito e pertencimento.

2. Contextualização de Conceitos Complexos:

- **Objetivo:** Facilitar a compreensão e retenção de informações complexas.
- **Abordagem:** Utilize histórias para ilustrar conceitos abstratos. Narrativas concretas proporcionam contexto, facilitando a assimilação de informações. Isso é particularmente eficaz ao explicar novos processos, procedimentos ou estratégias.

3. Desenvolvimento de Habilidades e Experiências Práticas:

- **Objetivo:** Reforçar habilidades práticas por meio de experiências narrativas.

- **Abordagem:** Crie cenários ou casos de estudo em formato de história. Os membros da equipe podem se envolver emocionalmente ao enfrentar desafios fictícios, promovendo a aplicação prática de conhecimentos e habilidades.

4. Comunicação Eficaz:

- **Objetivo:** Aprimorar as habilidades de comunicação interna e externa.
- **Abordagem:** Realize atividades de role-playing baseadas em histórias. Os participantes podem praticar a comunicação eficaz ao desempenhar papéis em situações narrativas, aprimorando a empatia e a capacidade de adaptação.

5. Transmissão de Cultura Organizacional:

- **Objetivo:** Reforçar e transmitir a cultura e os valores da empresa.
- **Abordagem:** Conte histórias que personifiquem os valores fundamentais da organização. Isso não apenas comunica a cultura, mas também ajuda os funcionários a internalizarem esses valores em suas ações diárias.

6. Feedback Construtivo e Desenvolvimento Pessoal:

- **Objetivo:** Facilitar o feedback construtivo e o desenvolvimento individual.

- **Abordagem:** Use histórias para ilustrar situações em que o feedback foi valioso para o crescimento profissional. Essas narrativas criam um ambiente mais receptivo ao feedback e incentivam a busca contínua por aprimoramento.

7. Motivação e Reconhecimento:

- **Objetivo:** Motivar a equipe e reconhecer conquistas individuais e coletivas.

- **Abordagem:** Celebre marcos e sucessos por meio de histórias. Reconheça o esforço e as contribuições, destacando como cada membro da equipe contribui para o sucesso global da organização.

8. Criação de Manuais e Documentação Viva:

- **Objetivo:** Tornar manuais e políticas mais envolventes e fáceis de lembrar.

- **Abordagem:** Transforme políticas e procedimentos em histórias narrativas. Isso torna a informação mais acessível, aumentando a probabilidade de compreensão e aplicação adequada.

Ao incorporar o storytelling no treinamento de equipe, as organizações podem não apenas transmitir informações de forma eficaz, mas também criar uma cultura de aprendizado contínuo e engajamento. A abordagem narrativa torna o processo de treinamento mais envolvente e, ao mesmo tempo, promove uma compreensão mais profunda e duradoura dos conceitos abordados.

Exemplo Prático: Storytelling no Treinamento de Equipe

Contexto: Uma empresa de tecnologia está implementando um novo sistema de gestão interna para melhorar a eficiência operacional. A equipe precisa se adaptar às novas práticas e compreender a importância dessa mudança.

História: "A Jornada da Eficiência"

Era uma vez em nossa empresa, onde cada departamento seguia suas próprias trilhas. Com planilhas intermináveis e processos manuais, a jornada diária era desafiadora. Sentimos que era hora de transformar essa jornada e torná-la mais eficiente.

Em um dia de brainstorming, nossos líderes, inspirados por desafios passados, decidiram que era hora de abraçar uma nova ferramenta de gestão, um guia que uniria todos os departamentos. Como em qualquer boa jornada, sabíamos que enfrentaríamos desafios, mas a recompensa valeria a pena.

A implementação desse sistema de gestão tornou-se uma aventura compartilhada. Cada membro da equipe desempenhou um papel vital, como personagens em uma história épica. As dificuldades iniciais foram como capítulos desafiadores, mas com perseverança, aprendemos a usar essa nova ferramenta como uma varinha mágica, simplificando nossas tarefas diárias.

Agora, nossos dados fluem como a trama bem escrita de um romance, conectando-se de forma harmoniosa. A comunicação entre os departamentos é como o diálogo entre personagens coesos, trabalhando juntos para alcançar um objetivo comum.

À medida que cada capítulo dessa jornada é revelado, percebemos que nossa empresa está construindo uma história de eficiência, colaboração e sucesso. Cada membro da equipe se tornou um herói em sua própria narrativa, contribuindo para o crescimento da empresa e aprimorando suas habilidades ao longo do caminho.

Ao contar a história da "Jornada da Eficiência" durante o treinamento, os membros da equipe podem se identificar com os desafios, entender a importância da mudança e sentir-se parte integrante do processo. Isso não apenas facilita a assimilação de informações, mas também cria uma conexão emocional com o novo sistema de gestão.

Avaliação e Ajuste Contínuo no Storytelling Empresarial

O processo de storytelling empresarial não termina com a criação e implementação inicial da narrativa; é crucial realizar avaliações contínuas e fazer ajustes conforme necessário para manter a relevância e a eficácia ao longo do tempo. Este capítulo aborda a importância da avaliação e fornece orientações sobre como ajustar continuamente suas histórias empresariais.

1. Monitoramento de Métricas Chave:

- **Objetivo:** Avaliar o impacto das histórias nas metas e objetivos da empresa.

- **Ações:**
    - Utilize métricas como engajamento online, taxas de conversão e feedback do público para medir o impacto das histórias.
    - Acompanhe o desempenho ao longo do tempo e identifique quais narrativas ressoam mais com o público.

2. Coleta de Feedback da Equipe:

- **Objetivo:** Obter percepções internas sobre a eficácia das histórias.
- **Ações:**
    - Conduza sessões regulares de feedback com a equipe para entender como as histórias estão sendo percebidas internamente.
    - Identifique áreas de melhoria e sugestões para ajustes.

3. Pesquisa de Público-Alvo:

- **Objetivo:** Compreender como as histórias são recebidas pelo público-alvo.
- **Ações:**

- o Realize pesquisas junto ao público para avaliar a percepção das histórias e identificar elementos que podem ser aprimorados.
- o Considere a realização de grupos focais para insights mais aprofundados.

4. Acompanhamento de Tendências do Setor:

- **Objetivo:** Manter as histórias alinhadas com as tendências e mudanças no setor.
- **Ações:**
  - o Mantenha-se atualizado sobre as tendências do setor e ajuste as narrativas conforme necessário para garantir relevância.
  - o Esteja atento a mudanças nas preferências do público e adapte suas histórias de acordo.

5. Testes A/B e Experimentação:

- **Objetivo:** Identificar abordagens mais eficazes por meio de testes.
- **Ações:**
  - o Realize testes A/B com diferentes variações de histórias para determinar qual ressoa melhor com o público.

- o Experimente novos elementos narrativos e avalie seu impacto.

6. Atualização de Conteúdo:

- **Objetivo:** Garantir que o conteúdo das histórias esteja sempre atualizado.
- **Ações:**
    - o Revise regularmente o conteúdo das histórias para garantir que refletem com precisão a evolução da empresa.
    - o Atualize informações conforme a empresa atinge novos marcos e realizações.

7. Flexibilidade e Adaptação:

- **Objetivo:** Manter-se ágil e adaptar as histórias às mudanças.
- **Ações:**
    - o Esteja disposto a ajustar as histórias rapidamente em resposta a eventos inesperados ou mudanças no ambiente de negócios.
    - o Demonstre flexibilidade para lidar com novas oportunidades e desafios.

8. Envolvimento Contínuo da Equipe:

- **Objetivo:** Manter a equipe engajada e colaborativa no processo de storytelling.
- **Ações:**
  - Realize workshops regulares para incentivar a contribuição de novas histórias e perspectivas da equipe.
  - Promova uma cultura de storytelling contínuo, onde a equipe se sinta à vontade para compartilhar suas experiências.

Ao incorporar uma abordagem de avaliação e ajuste contínuo, as empresas podem garantir que suas histórias permaneçam autênticas, envolventes e alinhadas com os objetivos organizacionais. Essa prática iterativa permite que as narrativas evoluam junto com a empresa e o ambiente ao seu redor.

Exemplo Prático: Avaliação e Ajuste Contínuo no Storytelling Empresarial

Contexto: Uma empresa de software implementou histórias para comunicar sua cultura inovadora e adaptável. Vamos explorar como eles avaliam e ajustam continuamente suas narrativas.

1. Monitoramento de Métricas KPI:

- **Ação:** Utilizando ferramentas analíticas, a equipe monitora métricas como taxa de engajamento nas redes sociais, cliques em newsletters e feedback em eventos.

2. Coleta de Feedback da Equipe:

- **Ação:** A cada trimestre, a equipe realiza uma sessão de feedback anônimo para que os funcionários expressem suas opiniões sobre as histórias. Isso ajuda a identificar se as mensagens estão alinhadas com a percepção interna da cultura.

3. Pesquisa de Público-Alvo:

- **Ação:** A empresa realiza pesquisas online direcionadas a clientes e potenciais clientes para avaliar a eficácia das histórias em transmitir os valores da empresa. Perguntas específicas sobre percepção da cultura e apelo emocional são incluídas.

4. Acompanhamento de Tendências do Setor:

- **Ação:** Um membro da equipe é designado para monitorar tendências no setor de tecnologia e storytelling. Essa pessoa participa de conferências e mantém contato com comunidades online para garantir que as histórias permaneçam alinhadas com as expectativas do setor.

5. Testes A/B e Experimentação:

- **Ação:** Em campanhas de marketing específicas, a equipe realiza testes A/B com variações nas narrativas para identificar quais abordagens são mais eficazes. Por exemplo, eles podem testar diferentes ângulos narrativos em anúncios online.

6. Atualização de Conteúdo:

- **Ação:** A cada seis meses, uma revisão detalhada do conteúdo das histórias é realizada para garantir que estejam atualizadas. Caso a empresa atinja novos marcos ou desenvolva novos produtos, as histórias são ajustadas para refletir essas mudanças.

7. Flexibilidade e Adaptação:

- **Ação:** Durante períodos de mudança significativa na empresa, como a introdução de novas lideranças ou a expansão para mercados internacionais, a equipe está pronta para ajustar rapidamente as histórias para refletir essas mudanças.

8. Envolvimento Contínuo da Equipe:

- **Ação:** Workshops regulares são realizados para incentivar a equipe a contribuir com novas histórias que exemplifiquem a cultura inovadora. Os colaboradores são incentivados a compartilhar suas próprias experiências e perspectivas.

Através dessas ações contínuas, a empresa assegura que suas histórias não apenas permaneçam relevantes, mas também evoluam em resposta às mudanças internas e externas. Essa abordagem permite que a cultura e os valores da empresa sejam comunicados de maneira autêntica e impactante ao longo do tempo.

Capítulo 8: Estudos de Caso - Transformando Marcas Através do Storytelling

Neste capítulo, exploraremos histórias inspiradoras de pequenas empresas que conseguiram transformar suas marcas de maneira significativa ao incorporar efetivamente o storytelling em suas estratégias. Esses estudos de caso destacam como a arte de contar histórias pode ser uma ferramenta poderosa para impulsionar o crescimento e a identidade de uma empresa.

1. *A Loja de Produtos Artesanais que Conquistou Corações*

Situação Inicial:

- Uma pequena loja de produtos artesanais enfrentava dificuldades para se destacar em um mercado saturado.

Ação de Storytelling:

- A empresa começou a contar a história por trás de cada produto, destacando os artesãos locais, as técnicas tradicionais e o compromisso com a sustentabilidade. Eles compartilharam fotos dos bastidores e vídeos curtos apresentando os artesãos.

Resultado:

- O público começou a se conectar emocionalmente com a marca, vendo-a como mais do que apenas uma loja. As vendas aumentaram à medida que os clientes se sentiam parte de uma comunidade dedicada ao artesanato autêntico.

2. *O Café de Bairro que Conta Histórias com Sabor*

Situação Inicial:

- Um café local enfrentava a concorrência de grandes redes e buscava uma maneira de se diferenciar.

Ação de Storytelling:

- O café começou a compartilhar histórias sobre a origem de seus grãos, as viagens dos proprietários para encontrar os melhores cafés e as interações memoráveis com clientes. Criaram uma série de posts nas redes sociais e eventos presenciais para contar essas histórias.

Resultado:

- A clientela local começou a valorizar não apenas a qualidade do café, mas a narrativa única por trás de cada xícara. O café se tornou um ponto de encontro para a comunidade, impulsionando a lealdade dos clientes.

3. *A Consultoria de Pequenas Empresas que Humanizou seus Serviços*

Situação Inicial:

- Uma consultoria de pequenas empresas lutava para se destacar em um mercado competitivo.

Ação de Storytelling:

- A empresa começou a compartilhar histórias de sucesso de seus clientes, destacando os desafios superados com a ajuda da consultoria. Eles também começaram a destacar as histórias individuais dos consultores, humanizando a empresa.

Resultado:

- A reputação da consultoria cresceu à medida que os clientes em potencial se identificavam com as histórias compartilhadas. A empresa viu um aumento nas consultas e uma melhoria nas taxas de retenção de clientes.

4. *A Marca de Roupas Sustentáveis que Cativou a Consciência do Consumidor*

Situação Inicial:

- Uma marca de roupas sustentáveis buscava se conectar com um público mais amplo e consciente.

Ação de Storytelling:

- A marca começou a contar a história por trás de cada peça de roupa, desde a seleção de materiais sustentáveis até as práticas éticas de produção. Eles compartilharam vídeos mostrando o impacto positivo de suas escolhas.

Resultado:

- A conscientização sobre a marca cresceu significativamente, atraindo consumidores que valorizavam a transparência e a responsabilidade social. A empresa viu um aumento nas vendas e na fidelidade do cliente.

Esses estudos de caso ilustram como o storytelling pode transformar a percepção de uma marca, diferenciando-a da concorrência e criando uma conexão emocional duradoura com o público-alvo. Cada história contada não apenas ressoa com os valores da empresa, mas também envolve os clientes em uma narrativa que vai além dos produtos ou serviços oferecidos.

Lições Aprendidas com Estudos de Caso de Storytelling Empresarial

Neste capítulo, exploraremos as lições valiosas aprendidas com os estudos de caso de pequenas empresas que transformaram suas marcas por meio do storytelling. Cada caso oferece insights valiosos sobre como o poder da narrativa pode ser aplicado de maneira eficaz para construir uma conexão emocional com o público e impulsionar o sucesso comercial.

1. *Autenticidade Gera Conexão:*

Lição: A autenticidade é um ingrediente-chave para o sucesso do storytelling. Mostrar as pessoas reais por trás da empresa, seja artesãos locais, proprietários de cafés ou consultores, cria uma conexão genuína com o público.

Aplicação:

- Seja transparente sobre os valores da sua empresa e permita que a autenticidade brilhe em suas histórias. Mostre os bastidores, revele os desafios e celebre os sucessos de maneira honesta.

2. *Envolva o Público com Experiências Memoráveis:*

Lição: Criar experiências memoráveis através de histórias ajuda a diferenciar a marca. A narrativa não deve ser apenas informativa, mas também envolvente, despertando emoções e deixando uma impressão duradoura.

Aplicação:

- Desenvolva histórias que proporcionem uma experiência sensorial, emocional ou visual. Use elementos visuais, como fotos e vídeos, para reforçar a narrativa e torná-la mais impactante.

3. Humanize a Marca:

Lição: A humanização da marca, seja destacando os artesãos, os proprietários ou os clientes, cria uma conexão mais forte. As pessoas se relacionam melhor com outras pessoas do que com entidades impessoais.

Aplicação:

- Conte histórias que destaquem os membros da equipe, clientes satisfeitos ou outros stakeholders. Mostre a face humana da sua empresa para construir empatia e compreensão.

4. Crie uma Comunidade em Torno da Narrativa:

Lição: O storytelling eficaz não apenas envolve individualmente, mas também constrói uma comunidade em torno da marca. As histórias devem criar um senso de pertencimento e conectividade.

Aplicação:

- Incentive a participação do público, criando oportunidades para compartilhar suas próprias histórias relacionadas à marca. Utilize as redes sociais e eventos para construir uma comunidade interativa.

5. *Demonstre Compromisso com Valores e Sustentabilidade:*

Lição: Mostrar um compromisso genuíno com valores éticos e sustentáveis pode ser um diferencial significativo. As histórias que destacam esses compromissos ressoam com consumidores conscientes.

Aplicação:

- Integre narrativas que enfatizem práticas sustentáveis, responsabilidade social e valores éticos. Isso não apenas atrai um público mais consciente, mas também constrói uma reputação positiva.

6. *Mantenha-se Atualizado e Relevante:*

Lição: O sucesso do storytelling requer uma adaptação contínua às mudanças. Empresas que permanecem atualizadas e relevantes em suas narrativas têm uma vantagem competitiva.

Aplicação:

- Esteja atento às tendências do setor, mudanças na cultura e preferências do consumidor. Ajuste suas histórias conforme necessário para refletir o ambiente em constante evolução.

7. *Ouça e Responda ao Feedback:*

Lição: O feedback do público e da equipe é uma fonte valiosa de insights para ajustar as histórias. Empresas bem-sucedidas estão dispostas a ouvir e adaptar suas narrativas com base nessas informações.

Aplicação:

- Crie canais de feedback, como pesquisas online, sessões de brainstorming internas e interação ativa nas redes sociais. Utilize esses insights para melhorar continuamente suas histórias.

8. *Integre Elementos Visuais de Forma Estratégica:*

Lição: Elementos visuais, como fotos, vídeos e infográficos, são ferramentas poderosas para fortalecer a narrativa. Uma história bem contada visualmente tem um impacto mais duradouro.

Aplicação:

- Planeje a inclusão estratégica de elementos visuais que complementem e reforcem a narrativa. Certifique-se de que cada imagem ou vídeo contribua para a compreensão e conexão emocional.

Ao aplicar essas lições aprendidas, as empresas podem aprimorar suas estratégias de storytelling, transformando suas marcas de maneira autêntica e impactante. A arte de contar histórias não é apenas uma ferramenta de marketing; é uma maneira de construir relacionamentos duradouros com o público e solidificar a identidade da marca no coração dos consumidores.

Capítulo 9: Mensurando o Sucesso - Métricas para Avaliar a Eficácia do Storytelling

A implementação bem-sucedida de estratégias de storytelling exige não apenas a criação de histórias envolventes, mas também a capacidade de medir e avaliar seu impacto. Neste capítulo, exploraremos as métricas essenciais para mensurar o sucesso do storytelling nas pequenas empresas, fornecendo insights valiosos para aprimorar continuamente as narrativas e alcançar os objetivos organizacionais.

1. Engajamento Online:

- **Definição:** Mede a interação do público com o conteúdo de storytelling nas plataformas online, como redes sociais, blogs e websites.
- **Métricas:**
    - Curtidas, compartilhamentos e comentários em postagens.
    - Taxa de cliques (CTR) em links incorporados nas histórias.
    - Tempo médio gasto nas páginas que contêm storytelling.

2. Taxa de Conversão:

- **Definição:** Avalia quantos espectadores convertidos por meio de uma história tomam medidas desejadas, como fazer uma compra, assinar um boletim informativo ou preencher um formulário.
- **Métricas:**
  - Número de conversões em relação ao número total de visualizações ou interações com a história.
  - Rastreamento de conversões específicas relacionadas à chamada de ação nas histórias.

3. Feedback do Público:

- **Definição:** Captura as percepções e reações do público em relação às histórias contadas pela empresa.
- **Métricas:**
  - Pesquisas de satisfação do cliente após a exposição a histórias específicas.
  - Avaliações e comentários coletados por meio de canais de feedback.

4. Crescimento de Seguidores e Audiência:

- **Definição:** Indica o aumento na base de seguidores ou audiência após a implementação de histórias.
- **Métricas:**
  - Crescimento percentual de seguidores em plataformas de mídia social.
  - Expansão da lista de e-mails ou assinantes após a divulgação de histórias.

5. Taxa de Retenção de Clientes:

- **Definição:** Avalia a retenção de clientes ao longo do tempo, considerando se as histórias contribuíram para a fidelidade do cliente.
- **Métricas:**
  - Comparação da taxa de retenção antes e depois da implementação de estratégias de storytelling.
  - Pesquisas de satisfação do cliente que incluam perguntas sobre a influência das histórias.

6. Métricas de Vendas:

- **Definição:** Mede o impacto direto das histórias no desempenho de vendas da empresa.
- **Métricas:**

- o Aumento nas vendas de produtos ou serviços promovidos nas histórias.
- o Rastreamento de códigos de cupons ou links exclusivos mencionados nas histórias.

7. Tempo de Engajamento:

- **Definição:** Avalia por quanto tempo o público permanece envolvido com o conteúdo de storytelling.
- **Métricas:**
  - o Tempo médio de visualização de vídeos de storytelling.
  - o Duração média de leitura de postagens de blog ou artigos.

8. Alcance da História:

- **Definição:** Mede a extensão geográfica e demográfica das histórias, avaliando quem está sendo alcançado.
- **Métricas:**
  - o Análise demográfica do público alcançado por meio de histórias.
  - o Monitoramento do alcance em diferentes regiões ou segmentos de mercado.

9. Taxa de Conversão de Leads:

- **Definição:** Mede a eficácia das histórias na conversão de leads em clientes potenciais.
- **Métricas:**
  - Número de leads gerados por meio de histórias.
  - Taxa de conversão de leads em clientes após a exposição a histórias.

10. Reconhecimento de Marca:

- **Definição:** Avalia o impacto das histórias na percepção e no reconhecimento da marca.
- **Métricas:**
  - Pesquisas de reconhecimento de marca antes e depois da implementação de estratégias de storytelling.
  - Participação da marca em discussões online após a divulgação de histórias.

Ao utilizar essas métricas em conjunto, as pequenas empresas podem obter uma visão abrangente do impacto de suas estratégias de storytelling. Essas análises não apenas permitem a avaliação de resultados tangíveis, como vendas e crescimento de seguidores, mas também fornecem insights qualitativos importantes, como o engajamento emocional do público e o fortalecimento da lealdade do cliente. A mensuração do sucesso do storytelling é uma prática contínua e essencial para otimizar continuamente as narrativas e alcançar objetivos comerciais duradouros.

Ajustes com Base nos Resultados - O Caminho para o Aprimoramento Contínuo do Storytelling Empresarial

A mensuração do sucesso do storytelling é apenas o primeiro passo. Neste capítulo, abordaremos a importância dos ajustes estratégicos com base nos resultados obtidos. O aprimoramento contínuo é essencial para garantir que as histórias evoluam, permaneçam relevantes e continuem impactando positivamente o público-alvo e os objetivos organizacionais.

**1. Análise de Métricas:

- **Processo:**
  - Realize uma análise aprofundada das métricas coletadas, identificando padrões, tendências e áreas de destaque ou preocupação.
  - Compare o desempenho atual com as metas estabelecidas e os resultados anteriores.

2. Feedback da Equipe:

- **Processo:**

  o Envolve a equipe responsável pelo storytelling no processo de revisão e análise dos resultados.

  o Realize sessões de feedback interno para coletar percepções, sugestões e observações valiosas da equipe.

3. Feedback do Público:

- **Processo:**

  o Utilize canais de comunicação, como redes sociais, pesquisas e interações diretas, para coletar feedback do público.

  o Analise as reações, comentários e sentimentos expressos pelos consumidores em relação às histórias.

4. Comparação com Competidores:

- **Processo:**

  o Avalie como as histórias se comparam às estratégias de storytelling dos concorrentes.

- o Identifique oportunidades para diferenciar a narrativa da empresa e abordar lacunas ou pontos de melhoria.

**5. Entendimento das Mudanças no Mercado:

- **Processo:**
  - o Mantenha-se atualizado sobre as mudanças no mercado, tendências do setor e comportamento do consumidor.
  - o Ajuste as histórias para refletir essas mudanças e garantir que permaneçam relevantes.

**6. Testes A/B e Experimentação:

- **Processo:**
  - o Realize testes A/B com variações nas histórias para determinar quais abordagens são mais eficazes.
  - o Experimente novos elementos narrativos e analise seu impacto nas métricas de desempenho.

**7. Atualização de Conteúdo:

- **Processo:**
  - Revise regularmente o conteúdo das histórias para garantir que reflita com precisão a evolução da empresa.
  - Atualize informações conforme a empresa atinge novos marcos e realizações.

8. Ajustes na Segmentação de Público:

- **Processo:**
  - Refine as estratégias de segmentação de público-alvo com base nos insights obtidos.
  - Personalize as histórias para atender às necessidades e interesses específicos de diferentes segmentos.

9. Experimentação com Novos Formatos:

- **Processo:**
  - Explore novos formatos de storytelling, como vídeos interativos, podcasts ou experiências imersivas.
  - Avalie a receptividade do público a esses formatos e ajuste a abordagem conforme necessário.

**10. Comunicação Clara e Ação Rápida:

- **Processo:**
  - Comunique claramente as descobertas e decisões de ajustes à equipe responsável pelo storytelling.
  - Implemente mudanças rapidamente para garantir uma resposta ágil às necessidades do público e do mercado.

Ao integrar esses processos de ajustes contínuos, as pequenas empresas podem maximizar o impacto de suas estratégias de storytelling. O aprendizado constante, a adaptação ágil e a aplicação proativa de insights são cruciais para construir uma narrativa empresarial que não apenas ressoe com o público, mas também impulsione o crescimento e o sucesso duradouros. O storytelling eficaz é uma jornada em evolução, e esses ajustes estratégicos garantem que a empresa esteja sempre à frente, contando histórias que permanecem autênticas e relevantes.

Capítulo 10: Recursos Adicionais - Explorando o Mundo do Storytelling

Neste capítulo, vamos mergulhar em uma variedade de recursos adicionais que podem enriquecer ainda mais a compreensão e a aplicação do storytelling. Livros, blogs e podcasts são ferramentas valiosas para aprimorar suas habilidades narrativas e explorar novas perspectivas no emocionante universo do storytelling.

Livros Sobre Storytelling:

1. **"O Herói de Mil Faces" por Joseph Campbell:**
   - Uma obra clássica que explora os elementos fundamentais de histórias épicas e mitos, oferecendo insights sobre o padrão do herói que permeia diversas narrativas.

2. **"Contágio: Como as Coisas Pegam" por Jonah Berger:**
   - Jonah Berger explora por que algumas histórias, ideias ou produtos se tornam contagiosos, oferecendo princípios valiosos para criar narrativas que se espalham.

3. **"História, de Tudo e de Todos" por Howard Zinn:**
   - Um livro que aborda a história mundial sob uma perspectiva inclusiva, destacando histórias frequentemente esquecidas e perspectivas diversas.

4. **"O Poder do Hábito" por Charles Duhigg:**
   - Embora não seja exclusivamente sobre storytelling, este livro explora como as histórias e padrões narrativos influenciam nossos hábitos, oferecendo insights valiosos para narrativas persuasivas.

Blogs Sobre Storytelling:

1. **Storytelling.com:**
   - Uma plataforma dedicada a recursos, artigos e estudos de caso sobre storytelling em vários contextos, desde marketing até educação.

2. **Copyblogger:**
   - Embora centrado em copywriting, o blog Copyblogger oferece insights valiosos sobre como contar histórias de maneira persuasiva e eficaz.

3. **The Storytelling Studio:**

- o Este blog aborda diversos aspectos do storytelling, desde técnicas narrativas até a aplicação prática em diferentes setores.

4. **Medium - Storytelling:**
   - o Explore a seção de Storytelling no Medium para uma variedade de artigos escritos por profissionais e entusiastas do storytelling.

Podcasts Sobre Storytelling:

1. **"The Moth" - True Stories Told Live:**
   - o Apresenta histórias reais contadas por pessoas comuns em eventos ao vivo, proporcionando uma experiência autêntica de storytelling.

2. **"How I Built This" por NPR:**
   - o Embora focado em empreendedorismo, este podcast destaca as histórias por trás da construção de grandes empresas, explorando desafios, fracassos e sucessos.

3. **"This American Life" por Ira Glass:**
   - o Um podcast que apresenta uma variedade de histórias, desde notícias até narrativas pessoais, com uma abordagem única e envolvente.

4. **"StoryCorps":**

   - Apresenta conversas entre pessoas reais, capturando momentos e histórias significativas de suas vidas.

Esses recursos adicionais proporcionam uma ampla gama de perspectivas sobre o storytelling. Seja você um iniciante curioso ou um profissional experiente, explorar essas fontes pode inspirar novas abordagens, técnicas e reflexões sobre a arte cativante de contar histórias. Cada recurso oferece uma oportunidade única de aprender e aprimorar suas habilidades narrativas, contribuindo para uma compreensão mais profunda e uma aplicação mais eficaz do storytelling em sua jornada empresarial.

Ferramentas e Aplicativos Úteis - Facilitando o Processo de Storytelling

Explorar as ferramentas e aplicativos certos pode ser crucial para aprimorar a eficiência e a qualidade das estratégias de storytelling. Neste capítulo, vamos destacar algumas ferramentas e aplicativos que podem ser valiosos para auxiliar na criação, distribuição e análise de histórias impactantes.

1. StoryChief:

- **Propósito:** Facilita a colaboração na criação de conteúdo, permitindo que equipes criem, otimizem e distribuam histórias em várias plataformas a partir de uma única interface.

2. Canva:

- **Propósito:** Uma ferramenta de design intuitiva que permite criar visualizações envolventes para suas histórias, como gráficos, imagens e apresentações.

3. Grammarly:

- **Propósito:** Ajuda a melhorar a gramática e a clareza das histórias, garantindo uma comunicação eficaz e profissional.

4. Adobe Spark:

- **Propósito:** Facilita a criação de vídeos, páginas da web e gráficos envolventes para dar vida às suas histórias de maneira visualmente atraente.

5. Trello:

- **Propósito:** Uma ferramenta de gerenciamento de projetos que pode ser adaptada para organizar e acompanhar o progresso das histórias, especialmente em equipes colaborativas.

6. SurveyMonkey:

- **Propósito:** Ideal para coletar feedback do público sobre as histórias, permitindo ajustes com base em percepções valiosas.

7. Google Analytics:

- **Propósito:** Fornece insights detalhados sobre o desempenho online das histórias, incluindo métricas como tempo de engajamento, taxas de cliques e origens de tráfego.

8. Evernote:

- **Propósito:** Permite que você organize, compartilhe e acesse suas ideias de storytelling de maneira eficiente, sincronizando informações em diferentes dispositivos.

9. Headline Analyzer by CoSchedule:

- **Propósito:** Avalia a eficácia das manchetes das histórias, oferecendo sugestões para torná-las mais cativantes.

10. Audacity:

- **Propósito:** Uma ferramenta de edição de áudio gratuita e de código aberto que pode ser útil para a criação de podcasts ou narrações de áudio para suas histórias.

11. Unsplash e Pexels:

- **Propósito:** Oferecem acesso a uma ampla variedade de imagens de alta qualidade e gratuitas para enriquecer visualmente suas histórias.

12. Buffer:

- **Propósito:** Facilita o agendamento e a distribuição de histórias nas redes sociais, otimizando a presença online da empresa.

13. Hotjar:

- **Propósito:** Oferece mapas de calor e análises de comportamento do usuário, ajudando a entender como os visitantes interagem com o conteúdo das histórias.

Essas ferramentas e aplicativos são projetados para simplificar e aprimorar diferentes aspectos do processo de storytelling. Ao integrar essas soluções em sua estratégia, você pode economizar tempo, aprimorar a qualidade e obter insights mais profundos sobre o desempenho de suas histórias. Lembre-se de adaptar suas escolhas de ferramentas de acordo com as necessidades específicas da sua empresa e as características únicas do seu público-alvo.

Capítulo Extra: A Jornada do Herói

A Jornada do Herói, também conhecida como o Monomito, é um conceito narrativo proposto pelo mitologista e escritor Joseph Campbell. Ele identificou padrões recorrentes em mitos, lendas e histórias de todo o mundo e os sintetizou em uma estrutura comum conhecida como a Jornada do Herói. Esse modelo é amplamente utilizado na teoria literária, roteirização cinematográfica e até mesmo na compreensão de narrativas empresariais. Aqui estão os principais estágios da Jornada do Herói:

1. Mundo Comum:

- O herói começa em um ambiente ordinário e familiar, mas sente uma chamada para a aventura. No entanto, inicialmente, ele reluta em atender a esse chamado.

2. Chamada à Aventura:

- O herói recebe um desafio ou convite para embarcar em uma jornada extraordinária. Isso muitas vezes o coloca fora de sua zona de conforto e exige coragem para aceitar.

3. Recusa do Chamado:

- Apesar da chamada à aventura, o herói pode hesitar ou recusar-se inicialmente a aceitar o desafio. Isso reflete a resistência à mudança ou ao desconhecido.

4. Encontro com o Mentor:

- O herói encontra um mentor ou guia que fornece conselhos, treinamento ou ferramentas necessárias para enfrentar os desafios que se aproximam.

5. Atravessando o Limiar:

- O herói embarca na jornada, deixando para trás o mundo comum e entrando em um novo território. Esse ato simboliza a disposição do herói de enfrentar o desconhecido.

6. Testes, Aliados e Inimigos:

- O herói enfrenta uma série de testes, encontra aliados e inimigos, e começa a entender as regras deste novo mundo. Essas experiências moldam o herói e desenvolvem suas habilidades.

7. Aproximação da Caverna Profunda:

- O herói se aproxima do ponto central da jornada, muitas vezes representado como uma caverna ou local perigoso. Isso simboliza o clímax ou momento crucial da história.

8. Provação Suprema:

- O herói enfrenta sua prova mais difícil, muitas vezes uma batalha com um inimigo formidável ou um desafio que testa suas habilidades e determinação.

9. Recompensa:

- Após superar a provação suprema, o herói recebe uma recompensa, que pode ser tanto física quanto simbólica. Isso marca a conquista do objetivo inicial da jornada.

10. Caminho de Retorno:

- O herói inicia o caminho de volta ao seu mundo comum, levando consigo as lições aprendidas e a recompensa conquistada.

11. Ressurreição:

- O herói enfrenta uma última provação, muitas vezes uma ressurreição simbólica ou renascimento, que o transforma completamente.

12. Retorno com o Elixir:

- O herói volta ao mundo comum, compartilhando o conhecimento ou a recompensa adquirida durante a jornada. Essa experiência transformadora beneficia não apenas o herói, mas também sua comunidade.

A Jornada do Herói é uma estrutura poderosa que ressoa com os arquétipos humanos universais. Ela oferece uma compreensão profunda de como as histórias podem tocar nossas emoções, inspirar mudanças e transmitir mensagens significativas. Este modelo tem sido aplicado em uma ampla gama de contextos, desde mitos antigos até filmes contemporâneos, demonstrando sua atemporalidade e relevância.

Vamos criar um exemplo de como aplicar a Jornada do Herói em storytelling para uma pequena empresa fictícia, uma cafeteria artesanal chamada "Aroma Mágico":

1. Mundo Comum:

- Apresentação do dia a dia na "Aroma Mágico", uma pequena cafeteria local que serve café artesanal a uma clientela regular. Os baristas estão entusiasmados com a qualidade do café, mas a concorrência está aumentando.

2. Chamada à Aventura:

- A cafeteria percebe uma mudança no mercado, com um aumento na demanda por experiências únicas. Surge a oportunidade de criar uma linha exclusiva de cafés especiais que destaquem a origem e o processo de produção dos grãos.

3. Recusa do Chamado:

- Inicialmente, a equipe da cafeteria hesita, preocupada com a complexidade de implementar uma nova linha de cafés. No entanto, eles percebem que é uma oportunidade única para se destacar.

4. Encontro com o Mentor:

- Um especialista em café é convidado para orientar a equipe, fornecendo conhecimentos sobre seleção de grãos, métodos de torrefação e técnicas de preparação para criar cafés verdadeiramente excepcionais.

5. Atravessando o Limiar:

- A equipe da "Aroma Mágico" decide avançar, comprometendo-se a criar a nova linha de cafés especiais, embarcando em uma jornada para elevar a qualidade e a experiência do cliente.

6. Testes, Aliados e Inimigos:

- Enfrentando desafios na seleção de grãos e ajuste de métodos de preparação, a equipe também recebe o apoio de clientes fiéis que estão entusiasmados com a novidade.

7. Aproximação da Caverna Profunda:

- O ponto culminante é o lançamento da nova linha de cafés especiais. A cafeteria organiza um evento especial, convidando a comunidade para experimentar os novos sabores e aprender sobre a jornada dos grãos.

8. Provação Suprema:

- Durante o evento, surge um desafio inesperado quando um grande concorrente lança uma campanha similar. A equipe da "Aroma Mágico" responde mantendo o foco na autenticidade e na conexão pessoal com os clientes.

9. Recompensa:

- A resposta positiva dos clientes é a recompensa. A nova linha de cafés especiais se torna um sucesso, com clientes valorizando não apenas a qualidade do café, mas também a narrativa por trás de cada xícara.

10. Caminho de Retorno: - Com o sucesso da nova linha de cafés, a equipe começa a planejar a expansão da oferta para outras localidades, levando a narrativa e a experiência única para além do local original.

11. Ressurreição: - A equipe enfrenta a necessidade de evoluir continuamente, respondendo às mudanças no mercado e mantendo a paixão pelo café artesanal e a conexão com a comunidade.

12. Retorno com o Elixir: - A "Aroma Mágico" retorna ao seu mundo comum, compartilhando o conhecimento adquirido e aprimorando constantemente a experiência do cliente, fortalecendo sua posição como uma cafeteria única e amada.

Este exemplo ilustra como a Jornada do Herói pode ser aplicada de forma adaptada para contar a história de uma pequena empresa. Ao incorporar elementos como desafios, aprendizados e uma transformação contínua, o storytelling pode não apenas atrair clientes, mas também criar uma conexão emocional duradoura.

Conclusão: Despertando o Poder do Storytelling nas Pequenas Empresas

Ao longo desta jornada explorando o fascinante mundo do storytelling para pequenas empresas, mergulhamos fundo nas técnicas, estratégias e ferramentas que podem transformar a forma como as empresas se conectam com seu público. Vimos como o storytelling vai além de simples narrativas; é uma poderosa ferramenta de construção de identidade, conexão emocional e impulsionamento de negócios.

Recapitulação dos Principais Pontos:

1. **Definição e Importância do Storytelling:**

- Storytelling não é apenas contar histórias; é uma forma de comunicação que cria conexões emocionais e constrói identidade de marca.

2. **Elementos-Chave do Storytelling:**

- Personagens envolventes, enredos convincentes, conflito e resolução, emoções e conexão são elementos fundamentais para criar histórias cativantes.

3. **Identidade da Marca e Storytelling:**

- O storytelling contribui para a construção da identidade da marca, definindo valores e criando uma voz consistente.

4. **Conhecendo o Público-Alvo:**

- A segmentação de público e a criação de histórias que ressoam com diferentes grupos são cruciais para o sucesso do storytelling.

5. **Ferramentas de Storytelling:**

- Utilizar blogging, vídeos, mídias sociais e e-mails são maneiras eficazes de incorporar o storytelling nas estratégias de marketing.

6. **Contando a Própria História:**

- Destacar a narrativa da fundação da empresa, destacar conquistas e superações, e personalizar histórias para diferentes canais são estratégias eficazes.

7. **Exercícios Práticos e Treinamento de Equipe:**

   o Desenvolver histórias para diferentes situações, criar exercícios práticos e incorporar storytelling no treinamento da equipe são maneiras de fortalecer as habilidades narrativas.

8. **Avaliação e Ajuste Contínuo:**

   o Avaliar métricas, aprender com estudos de caso, e ajustar estratégias com base nos resultados são práticas essenciais para aprimorar o storytelling.

9. **Lições Aprendidas dos Estudos de Caso:**

   o Autenticidade, envolvimento do público, humanização da marca e compromisso com valores são lições valiosas extraídas de estudos de caso.

10. **Mensuração do Sucesso e Ajustes:**

    o Métricas como engajamento online, taxa de conversão e feedback do público são essenciais para mensurar o sucesso, seguidas por ajustes contínuos baseados nos resultados.

11. **Recursos Adicionais:**

- o Livros, blogs, podcasts e ferramentas são recursos adicionais que podem enriquecer a compreensão e a aplicação do storytelling.

Encorajamento para Começar a Contar Histórias de Maneira Autêntica:

À medida que terminamos, encorajamos cada pequena empresa a abraçar o poder do storytelling de maneira autêntica e apaixonada. Não se trata apenas de vender produtos ou serviços, mas de construir relacionamentos duradouros, inspirar confiança e criar uma comunidade em torno da sua marca.

Seja audacioso ao compartilhar as histórias por trás da sua empresa, celebre os momentos significativos e, acima de tudo, ouça o feedback do seu público. O storytelling é uma jornada em constante evolução, e a chave para o sucesso está na adaptação contínua, na aprendizagem e na autenticidade.

Ao começar a contar suas histórias de maneira autêntica, você não apenas transforma a maneira como é percebido pelo mundo, mas também cria uma narrativa única que ressoa nos corações e mentes do seu público. Que cada história que você conte seja uma oportunidade de se conectar, inspirar e construir um legado duradouro para sua pequena empresa. Avance com confiança, pois as histórias que você conta têm o poder de moldar o futuro da sua marca.

REFERÊNCIAS:

Campbell, Joseph. *O Herói de Mil Faces.* Pensamento, 1989.

McKee, Robert; Gerace, Thomas. *Storynomics: Story-Driven Marketing in the Post-Advertising World.* Twelve, 2018.

McKee, Robert. *Story: Substance, Structure, Style, and the Principles of Screenwriting.* ReganBooks, 1997.

Vogler, Christopher. *A Jornada do Escritor: Estrutura Mítica para Escritores.* Editora Aleph, 2015.

Berger, Jonah. *Contágio: Como as Coisas Pegam.* Alta Books, 2020.

Miller, Donald. *Building a StoryBrand: Clarify Your Message So Customers Will Listen.* HarperCollins Leadership, 2017.

Heath, Chip; Heath, Dan. *Made to Stick: Why Some Ideas Survive and Others Die.* Random House, 2007.

Rodriguez, Miri. *Brand Storytelling: Put Customers at the Heart of Your Brand Story.* Kogan Page, 2020.

Gottschall, Jonathan. *The Storytelling Animal: How Stories Make Us Human.* Mariner Books, 2013.

Hesse, Hermann. *Contar histórias: uma arte sem idade.* Ática, 1999.

Jiwa, Bernadette. *Story Driven: You Don't Need to Compete When You Know Who You Are.* Kindle, 2018.

Truby, John. *The Anatomy of Story: 22 Steps to Becoming a Master Storyteller.* Farrar, Straus and Giroux, 2008.

SOBRE O AUTOR

José Henrique Lopes

Com uma trajetória sólida, possuo anos de experiência dedicados ao atendimento de Microempreendedores Individuais (MEIs), Microempresas e empresas de pequeno porte. Empreendedor na Economia Criativa e Consultor especializado em Inovação, Gamificação e Captação de Recursos.

Minha atuação no projeto Agentes Locais de Inovação no SEBRAE/RS (2012-2014) foi essencial para disseminar a cultura de inovação em diversas empresas do Vale do Rio Pardo. Esse projeto foi reconhecido como exemplo de inovação no Encontro Nacional do SEBRAE em Brasília e São Paulo. Além disso, meu projeto de graduação foi selecionado para o Salão de Iniciação Científica da UFRGS 2010, na categoria economia criativa.

Minhas contribuições foram destacadas na matéria "Programa ALI traz benefícios financeiros e culturais para pequenas empresas" pela agência SEBRAE de Notícias, Revista Tempo de Agir, edição nº 19, pág. 26-28, e no Jornal do Comércio, edição nº 186-14, 15 e 16 de fevereiro de 2014, evidenciando o impacto positivo do meu atendimento.

Sou graduado em Administração (2010) pela Faculdade Dom Alberto, agregando conhecimentos sólidos e práticos ao longo da minha jornada profissional. Pós-graduado em Gestão de Qualidade e Inovação, destaco minha proficiência em indicadores-chave de desempenho (KPIs), métricas de mídia paga, Web Analytics (englobando Google Universal Analytics e Google Analytics 4) e Social Analytics em plataformas como Facebook, Instagram e YouTube.

Além disso, possuo expertise em tráfego pago, abrangendo Google Ads, YouTube Ads, Facebook Ads e Instagram Ads. Meu conhecimento se estende a áreas especializadas como Copyright, Neuromarketing, Gatilhos Mentais e Inteligência Artificial (IA).

Adicionalmente, possuo conhecimentos iniciais em SEO On-Page e Off-Page, Python, PowerBI e SQL Server. Essa diversidade de competências não apenas me capacita a compreender as nuances estratégicas, mas também a aplicar práticas eficazes para obter resultados consistentes em ambientes dinâmicos e inovadores.